Buch des Lebens

MICHAEL UND LIANE KOTZ

Liane Kotz, geb. 1942, erlernte den Beruf einer Verkäuferin, den sie bis zu ihrer Verehelichung im Jahre 1962 ausübte. Danach war sie Hausfrau und Mutter von 3 Kindern.

Michael Kotz, geb. 1938, erlernte den Beruf eines Bergmanns. Durch einen Betriebsunfall schulte er um und trat dann eine Finanzlehre an. Im Jahre 1968 wechselte er zur Gemeinde Peiting in die Bauverwaltung. Im Dezember 1991 folgte er dem Ruf des VATERS und schied aus.

Michael und Liane Kotz
BUCH DES LEBENS

Bibliografische Information der Deutschen Nationalbibliothek:
Die Deutsche Nationalbibliothek verzeichnet diese Publikation in der
Deutschen Nationalbibliografie. Detaillierte bibliografische Daten sind
im Internet über http://dnb.dnb.de abrufbar.

1. Auflage 2016

© 2016 Michael Kotz
Eine Kopie oder anderweitige Verwendung, auch auszugsweise,
ist nur mit schriftlicher Genehmigung des Autors gestattet.
michaelkotz38@gmail.com

Covergestaltung und Satz: Jürgen Müller, LayArt
Quellennachweis des Umschlagfotos:
Pixabay: Archbob, CC0 Public Domain

Herstellung und Verlag: BoD – Books on Demand, Norderstedt
ISBN: 978-3-7412-9271-2

Inhaltsverzeichnis

Einleitung 9
Krankheitsbeginn 11
Kennenlernen von Albert und Lieselotte Niedermaier . 13
VATERWORTE 15
Die geistige Kindschöpfung 16
Der Fall der Mutter 18
Der VATER am Kreuz 19
Die Wahrheit über den Sohn und Heiligen Geist 20
Die Wahrheit über die Dreieinigkeit 21
Die Wiederkunft des Herrn 23
Die Wiederkunft des Sohnes 24
Der Mystische Leib 25
Inkrafttreten des Erlösungsplanes 27
Bekennen der Verfehlungen 29
Teilen in der Kleinen Schar 30
Fasten 32
Kündigung der Arbeit, Krankenkasse usw. 34
Der Jüngste Tag für die Kleine Schar 37
Wiederaufnahme des Berufs 40
Das große Weltgericht 43
Nachwort 47
Literaturhinweis 51
Hinweis/Quellenangabe 51

Einleitung

Der VATER hat durch Sein Wort über Lieselotte vom 16.1.1993 angekündigt, dass die Kleine Schar, dem Erstgeborenen gleich, das »Buch des Lebens« schreiben dürfe. Es sollte den Menschen eine Hilfe sein und Zeugnis geben von der Liebe und Gnade und den Führungen unseres liebenden VATERS.

Wort vom 16.1.1993 auszugsweise:
»Siehe, Ich mache alles neu!
Ein Erlebnisbericht eures Lebens wird die Menschen frei machen. Alles, was Ich euch von dem Zeitpunkt der Begegnung mit Muriel/Pargoa erleben ließ, soll euer Lebensbuch werden für die Menschen, die Mich suchen, die fragen werden: ›Wo ist Gott?‹
Alle satanischen Mächte werden schwinden, wenn die Wahrheit eures Lebens den Menschen offenbart wird. Alle Macht über andere hat sein Ende und die Mächtigen werden von ihren Thronen gestürzt.
Das Paradies auf der Neuen Erde wird sichtbar und spürbar für alle Menschen und am Leuchten und Strahlen wird man die gereinigten Herzen erkennen, die der Menschheit als Lehrer der Neuen Zeit vorausgehen werden.
Und so stehet hin für Mich und kündet von Meiner Liebe und Gnade über eure Führungen mit Mir, dem Erstgeborenen und Maria, damit Mir, dem lebendigen Gott und liebenden VATER neu Ehre und Lobpreis werde in alle Ewigkeit. Amen. Amen. Amen.«

Krankheitsbeginn

Nach einem ganz normalem Berufs- und Familienleben wuchs in uns allmählich der Bezug zur Natur. Vielleicht lag es daran, weil ich in einer Landwirtschaft aufgewachsen bin. Liane war eine leidenschaftliche Gärtnerin. Wir verhielten uns immer sehr umweltbewusst. So engagierte ich mich im Umweltschutz und im Roten Kreuz.

Ende der 1980er Jahre traten bei Liane verschiedene Krankheiten auf wie starke Kopfschmerzen, Blasen- und Nierenentzündungen und letztlich die Gehbehinderung. Nach dem Aufsuchen verschiedener Ärzte und Heilpraktiker wurde ihr empfohlen, sich im Klinikum Großhadern in München untersuchen zu lassen. Bei diesen Untersuchungen wurde eine atypische Multiple Sklerose (M. S.) festgestellt. Dies war für uns und vor allem für Liane ein großer Schock.

Wir wurden beide von christlichen Eltern erzogen, entfernten uns allmählich doch vom Glauben. Wir glaubten zwar an eine göttliche Schöpfung, meinten aber, dass Gott im alltäglichen Leben nicht eingreift, zumal bei uns alles problemlos lief. Die Mutter von Liane kannte aufgrund ihrer Erziehung nur den strafenden Gott, von dem Liane nichts wissen wollte.

Jetzt wurde es plötzlich anders!

Wir standen nun vor der Frage, Gott die Schuld für die Krankheit zu geben oder sich mit Ihm langsam vertraut zu machen. Wir entschieden uns für Letzteres!

Ich begann dann mit komischen Gefühlen in die erste Messe zu gehen, wo nicht so viele Leute waren. Beim zweiten Mal ging ich dann unter Herzklopfen zur Kommunion. Man konnte die Gedanken der Gläubigen erspüren, die dachten, was tut denn der jetzt plötzlich da, denn man kannte sich ja gegenseitig.

Mit der Rückkehr zur Kirche musste ich kundtun, dass ich mich jetzt wieder dem Glauben zuwende. Es fiel uns nicht gerade leicht, jetzt gläubig zu werden, wo wir keinen anderen Ausweg sahen. Uns war ja wohl bewusst, dass wir in guten Zeiten nicht nach Ihm suchten. Doch Sein Erbarmen währt ewig!

Kennenlernen von
Albert und Lieselotte Niedermaier

Von einem Bekannten wurde uns empfohlen, uns an einen Heilpraktiker in Babenhausen zu wenden. So fuhren wir dann Ende April 1990 dort hin.

Während der Behandlung erklärte er uns, dass in Tussenhausen bei einem Herrn Niedermaier am 5. Mai ein mystisches Seminar stattfinden werde. Auf Anruf wurde gesagt, dass noch zwei Plätze frei wären.

Im Februar 1990 lernten wir im Altenheim in Landsberg Herrn G. Stein kennen. Herr Stein war durch einen Schlaganfall etwas körperlich behindert und konnte nicht mehr sprechen. Durch den vorher gemachten Reiki-Kurs glaubten wir, ihm helfen zu können. Auch sagte uns dieser Heilpraktiker, dass Herr Stein, der auch mit dabei war, zu uns eine besondere Beziehung bezüglich gemeinsamer Vorleben habe. So hätten wir ihn einmal im Stich gelassen. Aus Mitleid und dem Gefühl an ihm etwas gut machen zu wollen, haben wir Herrn Stein Ende Mai 1990 in unsere Wohnung aufgenommen.

Dadurch wurde für Liane die Hausarbeit noch erschwert, zumal sich ihr Gesundheitszustand weiter verschlechterte. Ich habe fast täglich mit ihm reden und schreiben geübt.

Dieses Zusammenleben in einer Wohnung führte zusehends zu familiären Spannungen.

Ende Mai 1991, fast genau nach einem Jahr, hat er dann eine andere Wohnung gefunden und ist ausgezogen. So waren wir sehr erleichtert, dass Gott ihn uns wieder genommen hat.

Am 5. Mai 1990 fuhren wir dann zu diesem mystischen Seminar. Wir hatten keine Ahnung, was uns da erwarten würde. In diesem Vortrag erzählte uns ein bärtiger, blonder Mann begeistert vom liebenden VATER, spielte auf seiner Orgel und sang dazu einige Lieder. Am Ende sprach eine Frau Worte, die von Gott selber stammen sollten. Wir konnten es gar nicht recht glauben, dass es so etwas gibt. Wir erfuhren dann, dass es sich hierbei um Albert und Lieselotte Niedermaier handelt.

Albert Niedermaier, geb. 1940 in Weingarten am Bodensee, und Lieselotte, geb. 1934 in München.
   Durch das Eingreifen des VATERS verließ Herr Niedermaier den Schuldienst in Weingarten im Jahre 1983, um sich auf seine Aufgabe als »Lehrer der Neuen Zeit« vorzubereiten. In inniger Verbundenheit mit unserer geistigen Mutter Maria (Maria und Gabriel sind die Träger des Heiligen Geistes) wurden beide durch Schmerz und Leid Schritt für Schritt auf ihre neue Aufgabe zubereitet.

Im Laufe der Zeit erhielten sie nach und nach Kenntnis von ihren Vorleben. Diese waren:

Altes Testament
   Bei ihm: Abel, Lamech, Abraham, David, Juda, Daniel, Ezechiel, Hosea usw.
   Bei ihr: Sara, Jakob, Samuel, Salomo, Jeremia usw.

Neues Testament
Bei ihm: Origenes, Hieronemus, Benedikt, Papst Gregor, Meister Eckehard, Johannes Hus, Nikolaus von der Flüe, Paul Gerhardt, Hölderlin usw.
Bei ihr: Kreszentia von Kaufbeuren, Theresia von Avila, Heinrich Seuse, Kleine Theresia vom Kinde usw.

VATERWORTE

Wie bereits erwähnt, war Lieselotte in einem ihrer 40 Vorleben Jakob. Daher entstand der Begriff des Jakobbrunnens, in dem das Wasser nie ausgeht. Wasser bedeutet im Geistigen das Wort.

So empfängt Frau Niedermaier seit 1984 fast täglich das Wort des VATERS von Maria usw. Durch diese VATER-Worte wurde der Erstgeborene und die Kleine Schar über die vielen Jahre vom Himmel geführt.

Diese VATER-Worte können über das Internet unter www.worte-des-lebens.net/Vaterworte/vaterworte.html von jedermann ausgedruckt werden.

Die geistige Kindschöpfung

ER, der lebendige Gott, ist alles in allem VATER und MUTTER zugleich. Doch zu Seiner Freude und zur Freude Seiner Kinderschar wollte ER sich eine Braut schaffen und den Kindern eine Mutter.

So sprach UR das Schöpfungswort: »*ES WERDE!*«

Und siehe, ein herrliches Geschöpf entstand und er nannte es Sadhana. Weiter sprach UR: »*Ich habe dich zu Meinem Negativ erkoren, zur Trägerin des lebendigen Duals*«; und gab ihr zur Mitarbeit am Schöpfungswerk 1/3 Seiner Macht.

Und wiederum sprach UR: »*ES WERDE!*«

So entstanden zur Freude Sadhanas 7 Cherubime und 7 Seraphime. Dies sind die 7 Erzengel, die seelisch-geistig eins, körperlich dagegen getrennt als männlich und weiblich, also ein Dualpaar sind.

Am 6. Schöpfungstag, als die Erde bewohnbar war, erhielten die 7 Fürsten und Sadhana von UR je 3 Kinderpaare. Dies sind die 24 Ältesten, aus denen wiederum die weiteren 12 000 Kinderpaare stammen, somit 144 000 (12 x 12 000).

Die 7 Fürsten (Erzengel) sind:

Uraniel/Urea	Träger der göttl. Ordnung
	Hoheitszeichen Waage
Michael/Elya	Träger des göttl. Willens
	Hoheitszeichen Schwert

Zuriel/Helia	Träger der göttl. Weisheit Hoheitszeichen Sichel
Muriel/Pargoa	Träger des göttl. Ernsts Hoheitszeichen Kelter
Alaniel/Madenia	Träger der göttl. Geduld Hoheitszeichen Kelch
Raphael/Agralea	Träger der göttl. Liebe Hoheitszeichen Kreuz
Gabriel/Pura (Maria)	Träger der göttl. Barmherzigkeit Hoheitszeichen Krone

Der Fall der Mutter

Nach und nach keimte in Sadhana der Gedanke, ob sie nicht selbst auch Gott sei und UR ihr dies vorenthalten habe.

So schritt sie zur Tat und schöpfte, ohne die Zustimmung von UR einzuholen, eine Gegenschöpfung (7 Fürsten, 24 Älteste und weitere Kinder). Als UR sie zur Rede stellte, trennte sie sich von Ihm in einer ungeheuren Trotzreaktion. So hat sich bei ihr alles in das Gegenteil verkehrt: Aus Wahrheit wurde Starrsinn, aus Freiheit Chaos, aus Demut Trotz, aus Erkenntnis Hohn, aus Liebe Hass, aus Ehrfurcht Auflehnung.

Als Sadhana mit ihrer dunklen Schar versuchte, das Lichtreich von UR einzunehmen, wurde sie aus dem Himmel in die eigene Finsternis geworfen.

Hätte UR nicht aus Liebe und Barmherzigkeit die Materie geschaffen – zuerst Mallona, dann die Erde – wären sie ins Bodenlose gestürzt.

Der VATER am Kreuz

Bereits bei Jesajas in 9,5 ist Folgendes angekündigt: »*Uns ist ein Kind geboren, ein Sohn ist uns gegeben, und die Herrschaft ist auf Seinen Schultern und Er heißt: Wunderbar, Rat, Kraft, Held, Ewig-VATER, Friedefürst.*«

In Js. 43,11 steht geschrieben: »*Ich, Ich bin der Herr, und ist außer Mir kein Heiland.*«

Ferner steht in Js. 44,6: »*Ich bin der Erste und Letzte, und außer Mir ist kein Gott. So spricht der Herr, der König Israel, sein Erlöser, der Herr Zebaoth.*«

So wandelte der VATER selbst als Sohn auf dieser Erde, um den Kindern, voran dem Erstgeborenen in Muriel/Pargoa, den Weg vorzuleben, den sie zu gehen haben, um vollkommen zu werden. Denn es heißt: »*Werdet vollkommen wie der VATER.*« Denn der Sohn kann nichts aus sich selber tun, nur das, was er sieht den VATER tun; und was dieser tut, das tut gleicherweise auch der Sohn.

So hat sich der VATER selbst in Seiner unendlichen Liebe und Barmherzigkeit Seinen Geschöpfen ausgeliefert, die johlend und schreiend Seinen schmachvollen Tot (ans Kreuz mit Ihm) forderten.

Es ist somit nicht zutreffend, dass der Sohn als 2. Gott gekreuzigt wurde, sondern der VATER selbst.

Die Wahrheit über den Sohn und Heiligen Geist

Maria hat in einer unbefleckten Empfängnis dem VATER als Jesus den Erdenleib geboren. Vom Kreuz herab gab der VATER ihr den Auftrag, auch geistigerweise Mutter für den Sohn zu sein.

Ihre Bestimmung liegt im Erscheinen. Am 25. Juni 1946 sagte sie bei ihrer 3. Erscheinung in Marienfried: *»Ich bin die große Gnadenvermittlerin. Der VATER will, dass die Welt diese Stellung Seiner Dienerin anerkennt. Die Menschen müssen glauben, dass ich als dauernde Braut des Heiligen Geistes die getreue Vermittlerin aller Gnaden bin. Mein Zeichen ist im Erscheinen.«*

Der Sohn Muriel/Pargoa hat sich seit 1984 ganz und gar ihrer geistigen Mutter zur Erziehung in die Selbsterkenntnis hingegeben. Maria war bereits die Mutter des VATERS, ist geistige Mutter des Sohnes und ist auch unsere geistige Mutter, die uns die Gnade der Selbsterkenntnis schenkt und uns zur Vollkommenheit führt.

Die Wahrheit über die Dreieinigkeit

Vaterwort durch Lieselotte vom 7.9.1991:
»Meine Kinder sollen Zeugnis geben von Mir als VATER, der Ich euch den Weg vorangegangen bin.

Ihr sollt den Menschen Aufschluss geben über die Wahrheit, dass Ich euch ein Sohnesleben vorgelebt habe, und ihr sollt den Weg Meiner Nachfolge gehen als Meine gehorsamen Kinder, als Söhne und Töchter, die bereit sind, für Mich alles zu lassen aus Liebe und im freien Willen Mir allein zu dienen.

Ich führe und leite euch auf allen Wegen und schenke euch Meine Erkenntnisse, um Klarheit zu bringen über Mich, den VATER; über den Sohn, den Erstgeborenen auf Erden seit Urewigkeit.

Ein wahrer Sohn wird Mich in der Dualität verkörpern auf Erden, und ein wahrer Sohn wird sagen: ›Der VATER ist größer als ich!‹

Der Erstgeborene wird allen anderen vorangehen, damit auch sie Söhne und Töchter werden können.

Der Sohn wird künden von Mir, dem VATER; weil er Mich kennt, und vom Heiligen Geist, den Ich aussende in Maria und Gabriel!

Sie sind die wahren Spender Meines Geistes in aller Stille. Im Unsichtbaren wirken sie auf Erden in den Menschenherzen, damit sie geöffnet werden.

›Ich sende euch den Tröster!‹, habe Ich gesagt auf Erden, und wahrlich, Gabriel und Maria sind die Tröster der Menschheit.

Sie wirken auf Erden und betauen in der Stille die Herzen und öffnen sie für das Neue, für die Wahrheit der Dreieinigkeit im VATER – Sohn und Heiliger Geist.

Diese Wahrheit soll eine ganze Menschheit erfassen können, weil die Herzen zubereitet und geöffnet werden sollen für Mich, den einzigen VATER; für den Sohn, der diese Aufgabe auf die Erde genommen hat, von Mir zu künden und den Weg der Sohnschaft voranzugehen, – und für den Heiligen Geist, der in Gabriel und Maria alles in das Neue führen wird: In die Neue Zeit, in das Zeitalter des Heiligen Geistes, in das Wassermann-Zeitalter.

Diese Zeit wird sein die Sammlung aller Völker und die Vereinigung aller Religionen. Dann wird es nur noch eine Herde und einen Hirten geben: Meinen Sohn David, den Ich gerufen, berufen und auserwählt habe.

Zu neuem Sein in Mir wird eine ganze Menschheit hinübergehoben vom Alten in das NEUE, von der Zwangsherrschaft in die Freiheit der Kinder Gottes, die Mich als den Einen, den Ewigen VATER und Friedefürst auf Erden loben und preisen werden in alle Ewigkeit. Amen.

Euer VATER in Jesus Christus der Erste und Letzte. Amen. Amen. Amen.«

Die Wiederkunft des Herrn

Nach vielen schwersten Erdenleben, 20 vor und 20 nach Christus (Jesus war 40 Tage in der Wüste) hat Muriel/Pargoa nun die Welt überwunden, d. h. ist vollkommen geworden.

Erst in dieser Endzeit, also heute, so sieht es Johannes in der Apokalypse, hat dieser Knecht überwunden und ist würdig geworden, die 7 Siegel des geheimen Buches zu öffnen. Als Johannes weinte, weil niemand das Buch auftun und seine Siegel öffnen konnte, sprach einer von den Ältesten zu ihm:

»Weine nicht! Siehe, es hat überwunden der Löwe von Juda, die Wurzel Davids, aufzutun das Buch und seine 7 Siegel.« (Off. 5,4 ff.)

Diese 7 Siegel sind: die Wahrheit über den VATER, den Sohn und den Heiligen Geist, die Dreifaltigkeit, die Wiederkunft des Herrn usw.

Die Wiederkunft des Sohnes

Die Wiederkunft des Menschensohnes wird bei Matthäus 24/29 ff., bei Markus 21,25 ff., bei Lukas 21,25 ff. und bei Johannes in der Off. 1/7 ausgeführt.

Die Elemente werden erbeben, dann wird der MENSCHENSOHN (nicht der GOTTESSOHN) am Himmel erscheinen und in den Wolken des Himmels mit Macht und Herrlichkeit für jedermann sichtbar kommen.

Der Mystische Leib

Der VATER erklärt dies in Seinem Wort durch Lieselotte vom 7.3.1990:
»Meine wahre Kirche, sie ist im Verborgenen, verstreut auf dieser ganzen Erde, denn sie ist Mein Leib, der Mystische Leib, der im Verborgenen wirkt, in der Stille. Überall sind diese Kinder verteilt, in allen Religionen, in allen Kirchen und Gemeinschaften auf dieser ganzen Erde.

Diese Meine Kirche, Mein Mystischer Leib, ist das geistige Jerusalem. Und es wird Mein Neues Jerusalem werden, das aus den leuchtenden Herzen Meiner wahren Kinder besteht. Diese werden die Erde regieren.

Dann bedarf es keiner Politiker mehr, denn am Strahlen und Leuchten werden die Menschen erkennen, wer fähig ist zu regieren. Alles wird in der Liebe und Freude aufgehen, und das Neue Friedensreich wird sichtbar werden auf dieser ganzen Erde.

Das ist die Vereinigung aller Völker, aller Nationen und Rassen, die Zusammenführung Meines Mystischen Leibes in Mir – und damit die Vereinigung aller Religionen.

Die Menschheit allein ist nicht fähig, alles Alte zu lassen und jetzt schon die Einheit aller Religionen zu vollbringen. Sie hängen noch da und dort, und niemand will die Macht aufgeben, damit die Einheit jetzt schon geschehen könnte.

Von dem Augenblick an, wo Meine wahre Kirche zu leuchten beginnt, kann niemand mehr daran zweifeln, wer im Recht ist, denn alle erkennen die Mystische Kirche, Mei-

nen Leib, Mein Geistiges Israel, Mein Neues Jerusalem.
Dann hat aller Kampf ein Ende, und Meine Einheit in Meiner wahren Kirche ist sichtbar geworden.«

Inkrafttreten des Erlösungsplanes

*D*amit es wieder wird, wie es war am Anfang, musste die gefallene Welt wieder zum Licht rückgeführt werden. Der VATER belehrte Seine Ihm treu gebliebenen Kinder, dass eine Rückführung Seines Lieblingskindes (Sadhana ist der verlorene Sohn) und ihres Gefolges nur durch Sein Blut und die Opferleben seiner Kinder möglich sei.

Der 2. Fall geschah durch den Ungehorsam von Adam und Eva, die verbotenerweise vom Baum der Erkenntnis aßen und somit das Paradies verloren.

Nunmehr nahm der Erlöserzyklus seinen Anfang und begann mit Kain und Abel (Muriel). In den ganzen 40 Erdenleben standen sich diese beiden gegenüber.

Unter den 7 Fürsten musste einer zum Erstgeborenen gemacht werden, der als Erster dem VATER nach-, den anderen vorausgeht. So wurde bereits am 4. Schöpfungstag der Wort-, Ernst-, Kelter-, Licht- und Opferfürst Muriel/Pargoa dazu berufen. Im Wasser (= Wort) liegt ihre Bestimmung. Das Wort war zunächst in Gott, denn Gott selbst war das Wort. Doch mit der Erschaffung von Muriel/Pargoa war es erstmals Fleisch geworden. (Off. 19, 13)

Durch ihre schwersten Opferleben wurde dieser Knecht (Muriel/Pargoa wird als ein Knecht bezeichnet) zum blutenden Lamm, wie der VATER selbst und darf deshalb auch den Opfernamen Jesus Christus tragen.

Dazu erhielt am 25.12.1991 Lieselotte folgendes Vaterwort:

»Versteht, was es heißt, Jesus Christus zu sein in der Seeleneinheit von Muriel/Pargoa. Demut und Tränen sind der Opferweg, den ihr gehen dürft aus Liebe. Kelter zu sein bedeutet Leid und Schmerz tragen bis zur Auflösung. Ihr seid auf diese Erde gegangen, um gekeltert zu werden. Sohn sein heißt: Geopfert zu werden für andere und damit Gnadenströme auf diese Erde zu ziehen.

Euer Leben ist ein Opferleben. Das Lamm, das geschlachtet wird, hat viele Namen und das Herz, das von Schmerz durchbohrt ist, ist Mein Herz in euch.«

In diesem Leben (letzte Inkarnation) haben Albert und Lieselotte auch die Aufgabe, die Kleine Schar zu sammeln und ihnen den Weg zu zeigen, wie man die Sohnschaft erreichen kann.

Nach dreijähriger Vorbereitungszeit in der Stille wurden sie vom VATER beauftragt, die Bethanienstätte in Tussenhausen zu gründen, um die Lehrer der NEUEN ZEIT auszubilden.

Bekennen der Verfehlungen

Ab April/Mai 1991 besuchten wir dann fast regelmäßig die Seminare und die wöchentlichen Gebetsabende. Am 12.11.1991 erhielt Lieselotte ein Vaterwort, dass die Kleine Schar von allem Negativen in der Selbsterkenntnis ausgereinigt werden sollte. So haben wir an zwei Gebetsabenden und bei zwei Seminaren dem VATER; vor Muriel und Pargoa, vor allen versammelten Brüdern und Schwestern alle unsere Sünden und Verfehlungen schonungslos bekannt. Mit dem letzten Bekennernachmittag am 23.11.1991, an dem wir sieben Stunden unsere Sünden beichteten, endeten die Seminare.

In den nächsten Tagen haben wir uns bei einigen Leuten entschuldigt, unsere Verfehlungen eingestanden und Unregelmäßigkeiten in Ordnung gebracht.

Teilen in der Kleinen Schar

Die meisten Dualpaare in der Kleinen Schar haben ihren Beruf aufgegeben und sind somit in finanzielle Not geraten. Es ging nun darum, dass in der Kleinen Schar geteilt wurde, d. h. die sog. Reichen sollten den sog. Armen helfen.

Hierzu ein Auszug aus dem Vaterwort vom 20.8.1992 durch Lieselotte:

»Lindert die Not in Meiner Kleinen Schar! Meine Kleine Schar, die Ich Mir auserwählt habe, soll die Keimzelle einer Menschheit sein, die den Frieden in sich trägt, weil sie Eins geworden ist in Mir.

Alles ist in Meiner Kleinen Schar angelegt, damit die Menschheit das Neue leben kann, weil Meine Kinder untereinander helfen, einer dem anderen! Alle Not soll erst in Meinen Kindern ein Ende haben, dann wird es auch Friede auf der ganzen Welt.

Ich will eine Keimzelle der Neuen Menschheit schaffen, doch dazu müssen alle Meine Kinder bereit sein, ihren Teil dazu zu tun, damit es keine Not mehr gibt. Die Menschheit braucht diese Keimzelle, damit Mein Reich auf diese Erde kommen kann.

Jedes Meiner Kinder in der Kleinen Schar hat einen anderen Auftrag mit auf die Erde genommen. Die einen haben aus Liebe zu Mir alles gelassen, um ihr Gelübde einzulösen, und die anderen sollen lernen, aus ihrem

Reichtum zu geben, zu teilen, wo die Not Meiner Kinder so groß ist, dass sie ums Überleben kämpfen!

Alle Gelübde müssen eingelöst werden von Meinen Kindern auf dieser Erde, und je länger sie zögern, umso länger dauern die traurigen Tage, da sie nicht bereit sind zu teilen.

Und so prüfe Ich alle Meine Kinder, ob sie barmherzig sind und gütig und in der Not füreinander da sind. Einer trage des anderen Last und Not, damit ihr Kinder Eures VATERS seid, der für Euch alle getragen hat!«

Fasten

Nach der Reinigung der Herzen durch das Bekennen, begann die Reinigung des Körpers. So galt es, jegliche Gier nach Speise und Trank durch Fasten und Gebet zu überwinden. Wie der Erstgeborene, so waren auch wir gehalten, dem Willen des VATERS nachzukommen und ohne Essen und Trinken zu fasten.

Am 3. Fastentag nachmittags verspürte ich plötzlich eine körperliche Frische. Eine innere Stimme sagte mir, dass ich mich frisch machen, die Koffer packen und auf den Bahnhof gehen solle.

In einem vorherigen Seminar sprach Albert davon, dass der VATER auch die Trennung der Duale verlangen könne. Erschrocken über mein Vorhaben willigte Liane ein, obwohl sie immer mehr meiner Hilfe bedurfte. Die Kinder meinten, dass ich jetzt abhauen und sie im Stich lassen würde.

So ging ich mit komischen Gefühlen zum Bahnhof und löste eine Fahrkarte nach Weilheim. Als ich am Bahnhof auf den Zug wartete, fragten mich zwei Bekannte, wo ich hinführe. Wahrheitsgemäß musste ich ihnen sagen, dass ich es selbst nicht wüsste, worüber sie sich sehr wunderten.

In Weilheim angekommen wartete ich am Bahnhof, was geschehen würde. Langsam wurde es dunkel und kalt. Nach etwa einer halben Stunde fuhr ein Taxi vor, in das ich einstieg und mich in ein Hotel fahren ließ. Dort bekam ich ein Zimmer für zwei Nächte.

Am 5. Fastentag fuhr ich dann wieder mit dem Bus nach Hause. Die Freude für uns beide war natürlich riesengroß, dass ich wieder zurück war, zumal Liane nicht wusste, wo ich mich befand, und ob oder wann ich wiederkäme. Auch darüber, dass wir wieder eine große Hürde geschafft hatten.

Auch für die Kinder war es eine sehr schwere Zeit, dies alles mit anzusehen, was mit ihren Eltern geschah. Sie glaubten, dass wir in einer Sekte seien und ins Bodenlose fielen.

Der VATER hat in meiner Abwesenheit Liane durch Sein Wort (die weiblichen Duale als Empfangende haben inzwischen, wie Lieselotte auch sog. VATER- und Marienworte erhalten) getröstet, in dem Er sinngemäß sagte, dass sie sich um mich keine Sorgen machen brauche, weil ich in den besten Händen sei, nämlich in Seinen.

Später fasteten wir nochmals einige Tage ohne Essen und Trinken. Am Schluss wollten wir nur noch sterben.

Kündigung
der Arbeit, Krankenkasse usw.

Der VATER sprach in Seinem Wort vom 3.10.1991 durch Lieselotte davon, dass wir uns von allem Weltlichen lösen sollten:

»*Ich brauche Herzen, die losgelöst sind von allem Weltlichen. In allem schenke Ich Meinen Kindern alles dazu, dass sie das, was sie an Auftrag mit auf diese Erde genommen haben, vollbringen können. Dieses kann jedoch nur geschehen, wenn sie in der vollen Bereitschaft stehen für Mich und sich bewusst machen, dass ihr Auftrag ein Erlösungsauftrag ist.*

Meine Kinder sind die Vorkämpfer für eine neue Welt und wirken in der Stille. Jedes Meiner Kinder hat einen anderen Auftrag und eine andere Prüfung zu bestehen. Je nach der Anlage, die es auf die Erde bringt, hat es die Aufgabe zu erfüllen nach Meinem Willen.

In allem schenke Ich euch die Kraft und den Mut für diese Aufgabe und für euren Auftrag, den ihr mit Freude und Liebe erfüllen sollt.

Lasst euer menschliches Sorgen und gebt euch ganz hin in Meine Führungen, damit die menschliche Angst und eure Sorgen aufgehen können in Meiner Liebe. Denn Ich brauche freie und losgelöste Herzen von dieser Welt, die in allem nur Mir dienen aus freiem Willen.

Darum freuet euch, dass ihr dienen dürft und lobet und danket, dass Ich euch brauche in Meinem Dienst.

In heiliger Liebe sagt euch diese Worte Euer VATER in Jesus Christus. Amen, Amen. Amen.«

Im Laufe der Zeit spürte ich, dass ich meine Arbeit nicht mehr wahrnehmen konnte. In Absprache mit Liane und nach einem Gespräch mit den Kindern, die unseren Schritt überhaupt nicht akzeptierten, habe ich am 18.11.1991 bei der Gemeinde gekündigt.

Bei der jährlich stattfindenden Bürgerversammlung habe ich gegen Ende mein Ausscheiden mit dem Hinweis bekannt gemacht, dass ich dem Geist dieser Welt nicht mehr dienen könne.

Dabei bot sich die Gelegenheit, mich bei den Bürgern, dem Bürgermeister, dem Gemeinderat und den Behörden öffentlich zu entschuldigen für alles, was ich während meiner Tätigkeit bei der Gemeinde gedacht, gesagt und getan habe. Dem VATER gebührt der Dank, dass Er mir die Kraft dazu gab, denn aus uns können wir nichts.

In Sorge um unser weiteres Leben und um uns von dem Vorhaben abzuhalten, besuchte uns dann der Bürgermeister, ein Vertreter des Gemeinderates und ein Vertreter der Verwaltung. Sie haben mir angeboten, das Arbeitsverhältnis auf eine gewisse Zeit auszusetzen, bis wir uns wieder gefangen hätten. Dem Bürgermeister und den anderen gebührt ein ausdrücklicher Dank für ihr gezeigtes Entgegenkommen.

Auf die Frage, wovon wir künftig leben wollten, beriefen wir uns auf die Bergpredigt (Matthäus Kap. 6), in der Jesus davon spricht, dass man nicht zwei Herren dienen könne und man sich nicht um Essen, Trinken und Kleidung kümmern solle, weil Er dafür sorge. Zwar lebten Albert und Lieselotte auch ohne Beruf und festes Einkommen, aber wie dies bei uns gehen sollte, wussten wir nicht.

Im festen Glauben und Vertrauen auf den VATER blieben wir bei der Kündigung. Wir hatten beide das Gefühl, dass der VATER von uns eine eindeutige Entscheidung für Sich wünschte.

Noch im Dezember nach dem Ausscheiden aus dem Dienst haben wir alle Versicherungen, Mitgliedschaften in Vereinen, Krankenkasse usw. mit sofortiger Wirkung gekündigt.
Ab dem 1. Januar 1992 waren wir somit nicht mehr in einer Krankenkasse versichert, obwohl sich der Gesundheitszustand von Liane immer mehr verschlechterte. Wir hatten damals bereits einen Rollstuhl, den wir im Vertrauen, dass der VATER Liane bald heilen wird, wieder zurückgegeben.
Die Bankkonten haben wir aufgelöst. Das Geld bekamen die Kinder. Später haben wir den Fernseher und das Telefon abgemeldet. Dann haben wir die Grundstücke und das Wohnhaus an unsere 3 Kinder überschreiben lassen. Wir behielten uns kein Wohnrecht vor, obwohl wir das Haus gebaut hatten. Der Notar hatte uns vor den Risiken einer solchen Übergabe gewarnt.

Der Jüngste Tag für die Kleine Schar

Am 13. Juli 1992 erhielten wir von Lieselotte folgendes Vaterwort, das auszugsweise wie folgt lautete:

»Die alte Zeit hat ein Ende. […] Alles wird neu und umgewandelt in einem Nu und die neue Menschheit wird sichtbar. […] Gnade über Gnade strömt in jedes Menschenherz, denn der große Tag ist nahe herbeigerückt. Sagt es den Menschen und schenkt ihnen Meine Gnade des Erkennens. […] Alles wird neu und umgewandelt, und der wahre Herzensfrieden wird nach der Reinigung alles erfassen. Die Menschen werden nicht mehr aus noch ein wissen, dann wird das Fragen beginnen, was geschehen ist.

Niemand wird in den alten Strukturen noch leben wollen, alles wird aufgehen in Mir in Meiner Liebesharmonie. Und Ich rufe euch alle Meine Kinder zusammen, die Mich kennen, welche Stunde es geschlagen hat. […] Alles wird neu und bringt Meinen Kindern diese frohe Botschaft der Erlösung. […]«

Auf der Rückseite dieses Vaterwortes hat uns Albert mitgeteilt, dass dieser große Tag des Weltgerichtes am 26. Juli 1992 sei. Dieses Datum habe er aus einem Heftchen der »Weißen Bruderschaft« entnommen. Dies war für uns natürlich eine riesengroße Freude, dass nun der langersehnte Tag kommen werde.

In den folgenden Vaterworten durch Liane hieß es, dass wir noch alles Weltliche lassen sollen, an dem unser Herz noch hinge. Wir verschenkten alles, brachten die Kleider und Bettwäsche zum Kleidercontainer. Die Bilder, die Bücher und das restliche Geld gaben wir in ein Heim.

Dann brach der 26. Juli an. Es war ein wunderbarer, sonniger Tag. Wir meinten, dass eine Finsternis oder ein Sturm usw. eintreten würde. Doch nichts geschah, so dass wir dann nach Mitternacht enttäuscht und entmutigt zu Bett gingen.

Am nächsten Tag kam dann gegen Abend Albert und Lieselotte durch die Führung des VATERS vorbei und richteten uns wieder auf. Wie Albert dann erzählte, hatten sie eine schreckliche Nacht des Verlassenseins wie der VATER am Kreuz: »*Mein Gott, mein Gott warum hast du mich verlassen.*« Auch habe er die enttäuschten Gedanken der Kleinen Schar gespürt.

Verzweifelt und enttäuscht, dass wir alles weggegeben hatten, verbrachten wir den übernächsten Tag. Eine Bekannte, die unsere Situation kannte, brachte uns einige Kleider. Auch die Vertreterin des Heims, die vom Jüngsten Tag wusste, brachte uns das Geld wieder zurück, so dass wir uns wieder etwas einkleiden konnten. In den nächsten Monaten hatten wir so wenig Geld, dass wir uns nur das Minimalste zu essen kaufen konnten. Nach Längerem wollten wir auch wieder einmal etwas vom Metzger, so dass ich Wurstreste verlangte. Die Verkäuferin, die ich gut kannte, meinte, ob ich etwas für die Katze einkaufen wolle. Wahrheitsgetreu musste ich sagen, dass diese Wurstreste für uns seien.

Nach einigen Monaten bekamen wir den Bausparvertrag überraschend schnell heraus, so dass wir dann wieder mehr Geld hatten. Nach einiger Zeit erhielten wir und meine Geschwister von unserem Stiefvater Geld, so dass wir die Wohnung renovieren und zum Teil neue Möbel kaufen konnten.

In all diesen Dingen hat der VATER Regie geführt, so dass sich unsere geistige Neuwerdung auch im Äußeren zeigte.

Wiederaufnahme des Berufs

Am Montag, den 3. August 1992 rief Albert uns zusammen, um uns das ergangene Vaterwort zu erklären. Darin wünschte der VATER, dass wir wieder in die Welt zurückkehren, d. h. wieder eine Arbeit annehmen. Dies bedeute für ihn, dass er sich wieder bei seiner früheren Schulbehörde als Lehrer bewerben werde. Diese Ankündigung war vielleicht eine Überraschung, an die von der Kleinen Schar niemand gedacht hatte.

Dies bedeutete für mich, dass ich mich bei der Gemeinde Peiting um eine Wiederbeschäftigung bemühte, was ich gleich am nächsten Tag tat. Überrascht über meinen plötzlichen Sinneswandel erklärte mir der Bürgermeister, dass meine ehemalige Stelle längst besetzt sei, er sich aber trotzdem für mich verwenden werde. So reichte ich meine Bewerbung ein, wobei ich keinerlei Bedingungen bezüglich des Arbeitsplatzes, der Arbeitszeit und der Bezahlung stellte.

Nach etwa 14 Tagen kam der Vorarbeiter vom Bauhof vorbei und fragte mich, ob ich in der Wertstoffstelle, die zweimal wöchentlich geöffnet ist, arbeiten würde, was ich sofort bejahte. Wir hatten inzwischen gelernt, dass wir nur mehr dem Willen des VATERS gehorchen, d. h. alles annehmen, was Er uns schickt.

Dies war schon die erste Demutsprüfung, zumal mich die meisten kannten und glaubten, dass wir jetzt gescheitert seien, was sicherlich viele freute. Doch im Vertrauen, dies zu tun, was Er für mich bestimmt hat, lässt mich alles ertragen.

Am 1.1.1993 (Liane war inzwischen ein Pflegefall. Ich hatte sie zu versorgen, so dass ich nur stundenweise außer Haus sein konnte.) wurde ich wieder bei der Gemeinde als Arbeiter eingestellt. Da führte ich überwiegend Putzarbeiten durch. In den Schulen, im Jugendzentrum und auch im Rathaus mit öffentlichen Toiletten, so dass ich mich wieder mit meinen ehemaligen Arbeitskollegen traf, nur in einer anderen Position. Nebenbei fuhr ich noch bei einer Metzgerei und bei einer Bäckerei Produkte aus.

Mit 63 am 1. Juni 2001 ging ich dann in Rente. Darüber waren wir natürlich sehr froh, weil ich ja Liane voll zu versorgen hatte.

Trotz unserer vielen schweren Stunden in der 27-jährigen (22 Jahre Vollpflege) Leidenszeit waren wir nie verbittert über unsere Situation, weil wir uns vom Erstgeborenen durch seine Gebete und von unserem Himmlischen VATER getragen wussten und dies alles einen bedeutenden Sinn hatte.

Ohne unseren unerschütterlichen Glauben, und vor allem der geistigen Hilfen, hätten wir nicht bestehen können.

Die Ankündigung vom VATER als JESUS in der Bergpredigt (Matt. 6,19 ff.), dass wir uns um unseren Lebensunterhalt nicht sorgen zu brauchen, wenn wir Ihn lieben und Ihm ernstlich nachfolgen, ist wahrhaftig, und hat sich durch unser Leben bestätigt.

Dem VATER; dem Sohn und dem Heiligen Geist und allen, die uns wohlwollend auf unserer Wüstenwanderung begleitet haben, gebührt unser aufrichtiger Dank.

Als offenbar die Opfer voll waren, wurde meine liebe Liane ins Himmelreich aufgenommen. Die mir noch verbleibende Zeit nutze ich damit, dass ich jedem helfe, der mich braucht. Auch bringe ich mich im Seniorenheim in Peiting ein, mache Landschaftspflege, sammle Müll usw. bis zum langersehnten Tag des HERRN!

Dann wird es wieder sein wie am Anfang.
»Er wird alle Tränen abwischen und der Tod wird nicht mehr sein, noch Leid, noch Geschrei, noch Schmerz; denn das Erste ist vergangen.
Siehe, Ich mache alles neu.« (Off. 21, 3–5)

Das große Weltgericht

Im Januar 1965 kündete Mutter Maria in Garabandal den großen, schrecklichen Tag an. Diesem Tag, so berichten bereits die Propheten Daniel und Maleachi, geht der Vorläufer (Elia = Fürst Michael), der auch als Johannes der Täufer bekannt ist, voraus.

»Zur selben Zeit wird der große Fürst Michael sich aufmachen, denn es wird eine solch trübselige Zeit sein, wie sie nicht gewesen ist bis auf diese Zeit.« (Daniel 12:1)

Bei Maleachi 3:23 steht: *»Siehe, ich will euch senden den Propheten Elia, ehe denn da komme der große schreckliche Tag des Herrn.«*

Elia befindet sich bereits wieder auf Erden und wird künden vom nahenden Gericht.

Vaterwort durch Lieselotte vom 2.1.1990:
»Die Ereignisse werden sich nur so überpurzeln, und staunend werden die Menschen vor ihrem materiellen Reichtum stehen und fragen: Was ist geschehen? Was mache ich damit? Wieso dieser Ballast? Auch ich will die Freiheit der Seele. [...] Jeder wird in seiner Seelenzustandsfarbe leuchten und alle werden ihn erkennen, was er denkt. Das ist das Gericht, das ist die Offenlegung und das Erkennen der Menschen bis in den Herzenskern.

Beschämt und erkannt wird jeder noch materiell denkende Mensch seine Farbe sehen und viele werden sich verkriechen wollen, damit man sie nicht sehen sollte.

Die losgelösten Menschen, die die Materie überwunden haben, sie werden strahlend und leuchtend den neuen Auferstehungsleib tragen – und dies wird allen offenbar werden.

Sie sind es, die dann wirken und helfen dürfen den anderen. Mit der Reinigung der Menschenherzen wird eine Reinigung der Erde einhergehen. Alles geht Hand in Hand, und wenn die Menschen gelernt haben, in Frieden, Freude, Liebe und Harmonie miteinander zu leben, werden die Wälder neu, und diese ganze Erde regeneriert sich, Mensch und Tier leben in Frieden und Einklang miteinander.

Das Neue Friedensreich, das Ich aufbaue über Meine Kinderherzen, die zu jedem Opfer bereit sind für eine ganze Menschheit. Sie sind die Bahnbrecher für die Neue Zeit, die Bannerträger der Liebe, die den anderen vorangehen.

Das Herr- und Knechtverhältnis hat ein Ende genommen, und alle sind zur Kindschaft berufen: Kinder des Ewigen VATERS.

Dies sagt euch, Meinen Berufenen, euer VATER in Jesus Christus. Amen. Amen. Amen.«

Nachwort

Marienerscheinungen

Wie Maria selbst von sich sagt, liegt ihre Bestimmung u. a. im Erscheinen. So seien einige der wichtigsten Botschaften ausgeführt:

Botschaft von La Salette (1846)

Die beiden Seherkinder Maximin G. und Melanie C. erhielten von Maria am 19.9.1846 die geheime Botschaft, dass die römische Kirche in der Endzeit, in der wir uns jetzt befinden, in einem katastrophalen Zustand sei, durch: Unreinheit, Ehrsucht, Liebe zum Geld, Anhäufung von Reichtümern, Stolz usw.
So wird das heidnische Rom zum Sitz des Antichristen und wird vergehen.

Die Botschaft von Fatima (1917)

Die Seherin Lucia veröffentlichte 1942 die ersten beiden Geheimnisse. Das 3. Geheimnis gelangte 1945 an den Vatikan und sollte 1960 veröffentlicht werden. Es wurde bis heute der Menschheit vorenthalten. Was steht darin?
Maria kündigt in diesem Geheimnis den »Engelpapst« an. Dieser engelsgleiche Papst werde direkt vom

Himmel erwählt. Er befinde sich nicht in Rom, sondern schare in einem anderen Land seine 12 Apostel um sich. Er bringe der Welt den Frieden, gleichzeitig werde die Macht Roms ein Ende haben.

Die wahre Kirche befindet sich also außerhalb Roms, außerhalb der Organisation der Amtskirche. Es ist daher kein Wunder, dass dieser »Engelpapst«, der den Sturz Roms herbeiführt, von Seiten der Amtskirche bitterst verfolgt wird.

Die stigmatisierte Nonne Anna Katharina Emmerich (1774–1824) sieht in ihren zahlreichen Visionen den gänzlichen Verfall der römischen Kirche voraus, indem der Klerus die Liebe zum Kreuz verliert und sich der Welt zuwendet.

In mehreren Schauungen von Sehern (Malachias, Thomas von Aquin, Mönch von Padua) ist der neue »Engelpapst« angekündigt.

1935 spricht Angelo Roncalli, der spätere Papst Johannes der XXIII. in seinem Buch »Prophezeiungen«, Seite 92, vom neuen »Vater«, der am Ende der Zeiten den Frieden bringen wird und dessen Name »Albert« sei.

Johannes sah in der Geheimen Offenbarung den Opferträger Muriel/Pargoa (sie gelten als die beiden Ölbäume als ein Engel) der als Lamm von der Mutter Maria unter Schmerzen geboren wurde, d. h. vollkommen geworden ist.

Dieser Engel steigt in der Endzeit ein letztes Mal auf der Himmelsleiter (Inkarnationen) auf die Erde nieder. Er hält ein Büchlein in der Hand, das das Geheimnis Gottes (die 7 Siegel) beinhaltet, das aufzutun nur der

Löwe von Juda (einst David) imstande ist, weil er durch seine vielen schwersten Erdenleben (40) überwunden hat, und zum vollkommenen Sohn (Erstgeborenen) geworden ist. (Off. 12,1 u. 10,5)

Die Botschaft von Amsterdam (1945–56)

Die Seherin erhielt ab Mai 1945 50 Botschaften. Die Frau erscheint mit langem, weißem Gewand und nennt sich »Frau aller Völker«, die einst Maria war. Sie bezeichnet sich als »Miterlöserin« und »Mittlerin« und »Fürsprecherin«. Weitere Botschaften sind abgedruckt im Betanienbuch in der Neuen Zeit. Seite 278 ff. (s. Literaturhinweis)

Die Botschaft von Marienfried

Maria deutet in ihrer Botschaft vom 25. April 1946 an, dass nun ihre Kinder auf den Plan treten, mit denen sie den Sieg erringt. Sie sagt weiter, dass sie die große Gnadenvermittlerin sei und es dann Friede werde, wenn die Menschen an ihre Macht glaubten. Maria wirkt die Wunder in den Herzen der Menschen.

Überall dort, wo spektakuläre Wunder nach außen geschehen, ist nicht der Himmel tätig, sondern die Gegenseite im Lichtgewand. Bald wird sichtbar, welche Erscheinungen echt waren.

Die Botschaft von Medjugorje (1981–92)

Jahrelang hat Maria in Medjugorje alles vorbereitet, bis die Kleine Schar, ihre Apostel der Endzeit, vom Sohn gesammelt werden konnten.

Weitere Monatsbotschaften sind abgedruckt im Betanienbuch in der Neuen Zeit. Seite 285 ff. (s. Literaturhinweis)

Literaturhinweis

Albert und Liselotte Niedermaier
**DER LIEBESPLAN DES EWIGEN
UND LEBENDIGEN GOTTES**
Gebundene Ausgabe · 344 Seiten
erhältlich im Laber Verlag

Albert und Liselotte Niedermaier
BETHANIEN IN DER NEUEN ZEIT
Gebundene Ausgabe · 288 Seiten
Erhältlich im Laber Verlag:

www.worte-des-lebens.net/Schriften/Buchbeschreibung.html

Hinweis/Quellenangabe

Mehr zu dem Thema finden sie in dem Buch »DER LIEBESPLAN DES EWIGEN UND LEBENDIGEN GOTTES«, das wir auszugsweise, wörtlich oder sinngemäß übernommen haben.